Bibliografische Information der Deutschen Nationalbibliothek:

Die Deutsche Bibliothek verzeichnet diese Publikation in der Deutschen National-
bibliografie; detaillierte bibliografische Daten sind im Internet über http://dnb.d-
nb.de/ abrufbar.

Impressum:

Copyright © 2008 GRIN Verlag, Open Publishing GmbH
Druck und Bindung: Books on Demand GmbH, Norderstedt Germany
ISBN: 978-3-656-86430-1

Dieses Buch bei GRIN:

http://www.grin.com/de/e-book/284533/suchmaschinen-im-internet-geschichte-
arten-und-aufbau

Holger Weber

Suchmaschinen im Internet. Geschichte, Arten und Aufbau

GRIN Verlag

GRIN - Your knowledge has value

Der GRIN Verlag publiziert seit 1998 wissenschaftliche Arbeiten von Studenten, Hochschullehrern und anderen Akademikern als eBook und gedrucktes Buch. Die Verlagswebsite www.grin.com ist die ideale Plattform zur Veröffentlichung von Hausarbeiten, Abschlussarbeiten, wissenschaftlichen Aufsätzen, Dissertationen und Fachbüchern.

Besuchen Sie uns im Internet:

http://www.grin.com/

http://www.facebook.com/grincom

http://www.twitter.com/grin_com

Suchmaschinen im Internet. Geschichte, Arten und Aufbau

Holger Weber

Inhaltsverzeichnis

Abkürzungsverzeichnis

B2B	Business-to-Business
B2C	Business-to-Consumer
BITKOM	Bundesverband Informationswirtschaft Kommuniktation und neue Medien e.V.
BVDW	Bundesverbandes Digitale Wirtschaft
CMS	Content Mangement System
CPA	Cost per Action
CPC	Cost per Click
CPL	Cost per Lead
CPM	Cost per Mille
CPO	Cost per Order
CPX	Cost per X (mit X als Platzhalter)
CR	Conversion Rate
CTR	Click through Rate
DEC	Digital Equipment Corporation
HTML	Hyper Text Markup Language
IDF	Inverted Document Frequency
IP	Internet Protokol
KMU	Kleine und Mittlere Unternehmen
MIT	Massachusetts Institute of Technology
OVK	Onlinevermarkter-Kreis
PC	Personal Computer
PR	PageRank
ROI	Return on Investment
SEM	Search Engine Marketing
SEO	Search Engine Optimisation
SERP	Search Engine Resulat Page
URL	Uniform Resource Locator
W3C	World Wide Web Consortium

Einleitung

Die Informationsvielfalt des Internets ist unermesslich und wäre ohne Suchmaschinen kaum mehr zu beherrschen. Sie bieten eine einfache Möglichkeit, die gewünschten Informationen abzurufen, und ersetzen damit die Gelehrten, Bibliothekare oder Auskunfsbüros von früher. Doch was hat es mit diesen Suchmaschinen eigentlich auf sich? Die folgende Arbeit soll einen Überblick über die Geschichte und Funktionsweise von Suchmaschinen geben und damit zeigen, wie wichtig Suchmaschinen im täglichen Leben geworden sind. Daher werden zunächst die geschichtliche Entwicklung des Suchmaschinenmarktes und daran anschließend die aktuelle Situation betrachtet.

1. Zeitliche Entwicklung der Suchmaschinen

Die heutige Situation im Suchmaschinenmarkt lässt sich durch die folgenden chronologischen Ereignisse erklären, hierbei werden nur die wichtigsten Suchmaschinen und Ereignisse betrachtet.

<u>1990</u>

Der erste Suchdienst des Internets ist *Archie,* der von Alan Emtage 1990 an der McGill Universität in Montreal entwickelte wurde. Archie besteht aus einigen Skripts, die nachts Server automatisch nach Stichworten durchsuchten.

<u>1992</u>

Eine weitere frühe Suchmaschine ist *Veronica* (Very Easy Rodent-Oriented Network Index to Computerized Archives), die 1992 von Steven Foster und Fred Barrie an der Universität von Nevada entwickelt wurde. Da Gopher[1] die Boolschen Operatoren beherrscht war es möglich diese bei *Veronica* zu nutzen. *Veronica* ist eine Suchmaschine für das Gopher Protokoll, das heute kaum noch genutzt wird[2].

<u>1993</u>

Der erste Such-Roboter für das WWW (World Wide Web), der *Wanderer* (4W World Wide Web Wanderer), wurde von dem MIT[3] Studenten Mathew Gray entwickelt. Da dieser nur die WWW-Server zählte, wurde er von Michael L. Maudlin durch ein Programm mit dem Namen

---

[1] Gopher ist ein Informationsdienst, der über das Internet abgerufen werden kann.
[2] Vgl. Koch (2007)
[3] Massachusetts Institute of Technology

Wandex ergänzt. Ende 1993 sollten WWW-Server Dateien in einem Standard-Format ablegen. Diese wurden von *Aliweb* (Archie-Like Indexing of the Web) dann automatisch gelesen und daraus ein Index erstellt. Im Dezember kamen drei weitere Suchdienste dazu. Der World Wide Web Worm und Jumpstation, die den Titel und die URL indizierten. Bei RBSE Spider wurden die Trefferlisten erstmalig nach einem Ranking-System sortiert und angezeigt.

1994

Mit WebCrawler geht eine weitere Suchmaschine online, die die Ergebnisse auch nach einem Rankingverfahren anzeigt. Michael Mauldins geht mit Lycos im Juli online, wobei hier nicht nur die Worthäufigkeit auf einer Seite, sondern auch die Nähe der Suchbegriffe untereinander ausgewertet werden. David Filo und Jerry Yang von der Stanford University gehen mit ihrer Sammlung der besten Web-Adressen mit zwei Servern online (Yahoo!).

1995

Die ersten kommerziellen Firmen gehen mit Suchmaschinen online. Zu diesen gehören Infoseek, Architext und AltaVista. AltaVista ging aus einem Forschungsprojekt des Konzerns DEC (Digital Equipment Corporation) hervor. Architext ändert im Oktober seinen Namen in excite um. WebCrawler wird an AOL verkauft.

1996

Die Inktomi Corp. wird gegründet und ihre gleichnamige Suchmaschine wird von anderen Suchmaschinen wie Hotbot als Grundlage genutzt. AOL verkauft WebCrawler an excite[4]. Die erste deutsche Suchmaschine *Flipper* der TU Berlin geht online.[5] BackRub von Larry Page beginnt mit der Indizierung des Internets.

---

[4] Vgl. Fortmann (2006)
[5] Vgl. Schönfeld (1996)

5

Abbildung 1 Google Startseite von 1998[6]

1997

Larry Page und Sergej Brin ändern den Namen von BackRub in Google um und starten die Beta Phase von google.com.

1998

Die Firma Google Inc. wird in Kalifornien gegründet und Microsoft nimmt mit MSN Search den Betrieb auf, die Ergebnisse der Suchmaschine Inktomi liefert. Mit alltheweb geht eine weitere Suchmaschine ans Netz.

1999

Das technische Team von AltaVista verlässt den Konzern, nach dem Compaq DEC übernommen hat. Mit *Direct Hit* wird die Klickpopularität zum ersten mal von Suchmaschinen für das Ranking genutzt.

2000

Yahoo lizensiert die Suche von Google und zeigt von nun an deren Ergebnisse. Dies führt zu dem Ende ihres Webkatalogs. Die Firma Overture kauft Inktomi, AltaVista und alltheWeb und wird im gleichen Jahr von Yahoo übernommen. Mit dem Start von AdWords beendet Google den Werbefreien Suchdienst.

2004

Google Inc. geht mit großem Erfolg an die Börse. Yahoo beendet die Partnerschaft mit Google und bietet nun eine eigene Suchmaschine basierend auf Inktomi an. Die

---

[6] Internet Archive (o.A.)

Suchmaschinen Altavista und alltheweb nutzen nun den Yahoo Suchdienst. Auch Microsoft verwendet eine eigene Suchmaschine für MSN Search im Beta Stadium.

<u>2005</u>

Die Betaphase von MSN Search ist zu Ende. Um besser gegen Spam vorgehen können, vereinbaren Google, Yahoo und Microsoft eine Zusammenarbeit.[7] Die chinesische Suchmaschine Baidu wird der Öffentlichkeit vorgestellt.

2. Marktanteile

Die Suchmaschinen verwenden unterschiedliche Algorithmen für den Aufbau der SERP und daher ist es wichtig zu wissen, welche Verbreitung eine Suchmaschine national und international hat. Der Zeit- und Kostenaufwand für die Optimierung einer Website, an eine bestimmte Suchmaschine ist groß. Mit diesen Informationen lassen sich Zeit- und Kostenaufwand für die Optimierung von Websites[8] für eine bestimmte Suchmaschine abschätzen.

Auch eine Entwicklung der Marktanteile[9] im Laufe der Zeit (siehe Abbildung 2 und Abbildung 3)[10] hilft, Tendenzen zu erkennen um frühzeitig eine Optimierung durchzuführen.

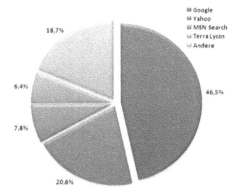

Abbildung 2 Suchmaschinenmarkt 2002[11]

---

[7] Vgl. Lewandowski (2008)
[8] Unter Website werden alle Dokumente einer Domain verstanden.
[9] Es werden nur die Statistiken von ComScore ausgewertet, da diese ein Panel von über 2 Million User haben und die Abweichungen zu z.B. Nielsen-Netratings (www.nielsen-netratings.com) gering ist (Google USA 08/2008 ComScore 63% zu Nielsen-Netratings 60%)
[10] Bei allen Auswertungen aus 2008 sind die Sites einer Firma (z.B. Google) zusammengefasst
[11] In Anlehnung an: onestat.com (2008b)

Google baut seine Marktdominanz stetig aus. Es erfolgt eine Steigerung des Anteils um ca. 15% innerhalb von 6 Jahren auf über 60% im US Markt[12]. Der Trend scheint sich zu verstärken, da Google innerhalb von 7 Monaten einen Marktanteil von 4,5% dazu gewonnen hat (siehe Abbildung).

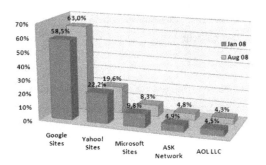

Abbildung 3 Suchmaschinenmarkt USA 2008 Vergleich Januar mit August[13]

Alle relevanten regionalen Märkte einer Website sollten in dieser Analyse berücksichtigt werden, da sich der Suchmaschinenmarkt regional unterscheidet. Je nach Land, Region oder Sprache werden unterschiedliche Suchmaschinen genutzt. So ist die Suchmaschine Baidu[14] für den deutschsprachigen Raum schlecht nutzbar, da sie auf Webseiten[15] in chinesischer Sprache spezialisiert ist. Dies lässt sich durch einen Vergleich des deutschen mit dem asiatischen Markt belegen (siehe Abbildung und Abbildung). Da von China ca. 40% der Suchanfragen und Nutzer kommen, ist der Marktanteil von Baidu dort sehr groß. NHN[16] als koreanische Suchmaschine hat nur einen Anteil von 4,6%, da die Suchanfragen aus Korea nur ca. 6,5% des asiatischen Marktes ausmachen.

---

[12] 2002 war das Internet in den USA am stärksten vertreten und so lassen sich die Daten von 2002 am besten mit dem US Markt von heute vergleichen.
[13] In Anlehnung an: Lipsman (2008a) & (2008b)
[14] www.baidu.com
[15] Unter Webseite wird ein einzelnes Dokument einer Website verstanden.
[16] www.naver.com ist die Suchmaschine von NHN

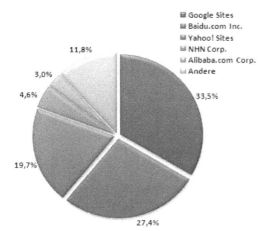

Abbildung 4 Suchmaschinenmarkt Asien / Pazifik Juli 2008[17]

Die große Anzahl von Produktsuchen in Verkaufsportalen ist in den Suchmaschinenmärkten erkennbar. In Asien ist es das B2B-Portal Alibaba.com und in Europa eBay. In Europa belegt eBay Platz 2 hinter Google mit 3,1% (6,1% in Deutschland) der Suchanfragen.

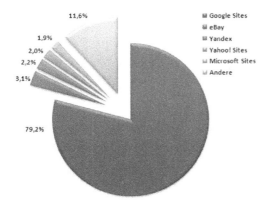

Abbildung 5 Suchmaschinenmarkt Europa März 2008[18]

---

[17] In Anlehnung an: Radwanik (2008)
[18] In Anlehnung an: Gavin (2008b)

Die Unterschiede zwischen Europa und Deutschland sind gering, in beiden Gebieten hat Google einen Marktanteil von über 79% und eBay liegt auf dem 2. Platz. In Europa treten aber wieder einige sprachspezifische Suchmaschinen wie yandex.ru (2,2%) oder naszaklasa.pl (1,3%) auf. Dies kommt durch die starke nationale Nutzung in den zugehörigen Ländern.

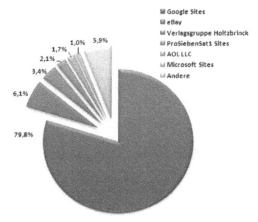

Abbildung 6 Suchmaschinenmarkt Deutschland Juli 2008[19]

3. Arten von Suchmaschinen

Suchmaschinen lassen sich nach Lewandowski[20] in zwei Kategorien einteilen. Diese Einteilung ergibt sich nach der Art, wie die Informationen des Internets indiziert werden. Es wird zwischen der automatischen und manuellen Erfassung der Inhalte unterschieden.

3.1. Algorithmische Suchmaschinen

Algorithmische Suchmaschinen basieren auf einem Algorithmus, der die Dokumente des Internets bewertet und indiziert. Bei Anfragen werden die Ergebnisse entsprechend der Bewertung ausgegeben.

---

[19] In Anlehnung an: Gavin (2008a)
[20] Vgl. Lewandowski (2005) Seite 24

3.1.1. Indexsuchmaschine

Bei den Indexsuchmaschinen indiziert ein Programm das Internet. Dieses Programm ist als Webcrawler oder Spider bekannt. Dabei scannt und speichert die Suchmaschine automatisch Internetinhalte.

3.1.2. Metasuchmaschinen

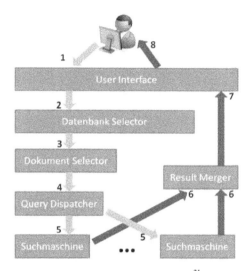

Abbildung 7 Aufbau Metasuchmaschine[21]

Metasuchmaschinen leiten die Suchanfrage an mehrere Suchmaschinen und/oder Webkataloge weiter. Die Ergebnisse werden zu einer SERP nach einem Algorithmus zusammengefasst, wobei doppelte Einträge nur einmal angezeigt werden. In Abbildung wird der Ablauf einer Anfrage an eine Metasuchmaschine dargestellt, hierbei sind 1 bis 8 die einzelnen Schritte der Anfrage.

3.2. Manuelle Suchmaschinen

Bei Manuellen Suchmaschinen liegt der Schwerpunkt der Indexerstellung beim Menschen. In neuster Zeit wird die *Soziale Suche* immer wichtiger, welche mit dem Web 2.0 Einzug gehalten hat.

---

[21] In Anlehnung an: Meng et al. (2002) Seite 10

3.2.1. Webkataloge

Webkataloge oder Webverzeichnisse werden von Hand gepflegt. Die Informationen werden gesichtet, geprüft und katalogisiert. Hierbei wird die Information in eine Taxonomie eingeordnet. Die Pflege von Webkatalogen ist sehr zeitintensiv. Die meisten Kataloge sind Indexe zu Spezialgebieten oder Branchenverzeichnisse[22]. Das *Open Directory Project*[23] ist der größte Webkatalog, der sich nicht auf ein Spezialgebiet bezieht.[24]

3.2.2. Soziale Suchmaschine

Informationen und Erfahrungen von Benutzern werden bei einer sozialen Suchmaschine (engl. Social Search Engine) bei der Gewichtung der Ergebnisse mit berücksichtigt. Bei *My Web 2.0* von Yahoo! werde die Bewertungen von registrierten Freunden in das Ranking mit einbezogen. Jeder kann Kommentare und Bewertungen zu jeder Webseite hinterlegen sobald er angemeldet ist. Diese werden bei einer Suche berücksichtigt, wenn sie von sogenannten *Trusted Friends*[25] stammen. [26]

4. Aufbau von Suchmaschinen

Suchmaschinenbetreiber halten genaue Informationen über den exakten Aufbau ihrer Suchmaschine zurück und geben nur allgemeine Daten an die Öffentlichkeit. Die meisten heutigen Suchmaschinen basieren auf dem Vektorraummodel nach Salton oder erweitern das Boolesche Modell um das relevance Ranking[27] des Vektorraummodels. Jeder Term (enthaltener Begriff oder indizierter Deskriptor) ist in diesem vieldimensionalen Vektorraum eine Dimension des Dokumentenvektors. Der Grad der Ähnlichkeit zwischen Dokumenten- und Suchanfragevektor wird durch die Korrelation dieser berechnet.[28] Alle Soft- und Hardwaremodule einer Suchmaschine lassen sich einer von drei Kategorien zuordnen.

---

[22] Ein in Deutschland bekanntes Branchenverzeichnis ist www.gelbeseiten.de
[23] Das Open Source Projekt findet man unter www.dmoz.org
[24] Vgl. Komus et al. (2008) Seite 24
[25] Trusted Friends sind in einer Buddy Liste hinterlegt
[26] Vgl. Ku et al. (2005)
[27] Anordnung von Suchresultaten nach ihrer inhaltlichen Gewichtung, anstatt einer formalen Anordnung.
[28] Vgl. Lewandowski (2005)Seite 80ff.

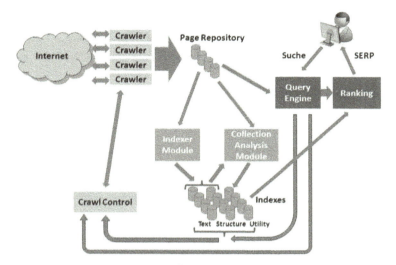

Abbildung 8 Aufbau Suchmaschine[29]

In Abbildung 8 sind die Kategorien farblich unterschieden und die Daten- und Kommunikationswege zwischen ihnen dargestellt.

4.1. Web-Robot-System

Das System zur Datenbeschaffung wird als Web-Robot-System (in Abbildung 8 hellblau dargestellt) bezeichnet. Der Crawler ist das aktive Softwaremodul für die Erfassung von Dokumenten. Hierbei werden neue oder veränderte Dokumente erfasst. Heute werden nicht nur HTML-Dokumente verarbeitet, sondern es werden auch Microsoft-Dateien (z.B. .doc, .xls, .ppt), PDF-Dokumente, Rich-Text-Dateien und einfache Textdateien erfasst und verarbeitet. Die Restriktion auf bestimmte Dokumenttypen wird vorgenommen, damit ein höherer Verarbeitungsgrad beim Information-Retrieval-System erreicht wird. Der Crawler geht hierbei von einer Webseite aus und folgt allen Links und speichert dabei die Dokumente in einer URL-Datenbank dem sogenannten Page Repository.[30] Die Crawl Control steuert dabei die einzelnen Crawler, hierbei werden Informationen der Query Engine und der Indexe mit berücksichtigt.

---

[29] In Anlehnung an: Arasu et al. (2001) Seite 2
[30] Vgl. Glöggler (2003) Seite 25 ff.

4.2. Information Retrieval System

Die Aufgabe des Information Retrieval Systems (in Abbildung blau dargestellt) ist es, die Inhalte auf das wesentliche zu reduzieren. Hierbei werden die Dokumente von dem Collection Analysis Modul in eine für die zukünftige Verarbeitung günstigere Form umgewandelt. Die Indizierung und Wichtung von Stichwörtern erfolgt in den Indexer Modulen. Beide Module füllen die Index Datenbank. Der Algorithmus, der den auf der Seite gefunden Stichwörtern die entsprechenden Relevanzwerte zuweist, ist für jede Suchmaschine geheim und variiert im Laufe der Zeit.[31]

4.3. Query Prozessor

Die Schnittstelle zum Nutzer ist das Webinterface der Query Engine, diese ist die Eingabeoberfläche des Query Prozessors (in Abbildung dunkelblau dargestellt). Von dort gelangt die Suchanfrage an den eigentlichen Prozess, welcher anhand der eingegebenen Keywords aus dem Index des Information Retrieval Systems eine gewichtete Liste (meist nach Relevance Ranking Kriterien) erzeugt. Diese Liste wird um weitere Informationen ergänzt und an den Nutzer zurück übertragen.

5. Aufbau von Ergebnisseiten

Die SERP einer Suchanfrage besteht aus mehreren Eintragungen, die sich in zwei Kategorien einteilen lassen. Die Kategorien unterscheiden sich danach, ob für die Einträge bezahlt wurde oder nicht. In der Regel werden 10 generische Ergebnisse dargestellt, die durch bezahlte Ergebnisse ergänzt werden. Die SERP's lassen sich noch in *erstes Bild* (first screen)[32] und *erste Seite* (first page)[33] unterscheiden. Wobei die Auflösung einen großen Einfluss auf die Darstellung des ersten Bildes hat. Das prozentuale Verhältnis zwischen den beiden Kategorien unterscheidet sich je nach dem, ob man von dem *ersten Bild* oder der *ersten Seite* spricht. Über 40% der auf dem ersten Bild dargestellten Ergebnisse waren 2003 generische Einträge. Dieses Verhältnis hat sich heute wegen den größeren Bildschirmauflösungen zugunsten der generischen Ergebnisse verändert. Betrachtet man die *erste Seite* verändert sich das Verhältnis auf 67% der Ergebnisse.[34]

---

[31] Vgl. Stock (2006) Seite 68ff.
[32] Unter first screen versteht man die Darstellung der Seite im Browser ohne zu scrollen.
[33] Hingegen wird unter first page die gesamte Seite verstanden.
[34] Vgl. Nicolson et al. (2006) Seite 15f.

Generische Ergebnisse (Organic Listing)

Diese aus den meist kostenfreien Indexen erstellten Ergebnisse werden nach für jede Suchmaschine eigenen Algorithmen dargestellt. Da der Algorithmus, an welcher Position ein Ergebnis erscheint, geheim ist und regelmäßig modifiziert wird, gibt es keine Garantie auf welchem Platz der Ergebnisliste man sich befindet.

Bezahlte Ergebnisse (Paid Listing)

Diese meist eindeutig gekennzeichneten Ergebnisse (z.B. Anzeigen bei Google oder Sponsoren-Links bei Yahoo!) sind für den Werbenden kostenpflichtig. Über diese Ergebnisse ist es möglich, für Webseitenbetreiber auf der *ersten Seite* gelistet zu werden. Diese Art des Marketings heißt bei Google AdWords. Für Suchmaschinenbetreiber ist diese eine wichtige Einnahmequelle.

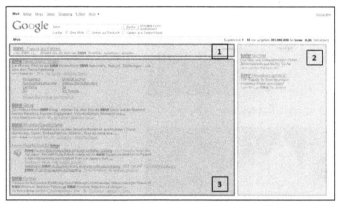

Abbildung 1 Unterteilung der Suchergebnisse bei Google[35]

Die SERP's der verschieden Suchmaschinen unterscheiden sich. Abbildung 1 zeigt eine SERP zum Keyword[36] *bmw*. Das *erste Bild* lässt sich in drei Bereiche einteilen, wobei es keinen Unterschied zwischen *erstem Bild* und *erster Seite* gibt. Im Bereich 1 werden von Google die Anzeigen die einen hohen Qualitätsfaktor haben eingeblendet. Alle anderen Anzeigen sind im Bereich 2 zu finden. Sollte sich keine Anzeige für den Bereich 1 qualifizieren fällt dieser weg. Im Bereich 3 sind die generischen Ergebnisse zu finden.

Abbildung 10 und Abbildung zeigen, wie eine Google Webseite von Besuchern bei verschieden Arten von Suchen wahrgenommen wird. Diese mit der Methode der

---

[35] Eigene Darstellung
[36] Als Keyword wird das Wort nach welchem gesucht wird bezeichnet.

Okulographie[37] gemachten Bilder zeigen, dass die SERP je nach Art der Suche anders betrachtet wird. Bei einer Transaktions-Suche ist der Schwerpunkt mehr bei den generischen Ergebnissen und nur die Top Anzeigen in Bereich 1 werden gut wahrgenommen. Anders ist es bei einer Informations-Suche, hier wird der gesamte obere Bereich des ersten Bildes betrachtet und auch beide Bereiche mit bezahlten Ergebnissen.

Abbildung 2 Wahrnehmung einer Transaktions-Suche bei einer Google SERP[38]

Abbildung 11 Wahrnehmung einer Informations-Suche bei einer Google SERP[39]

---

[37] Mit Okulographie, auch als Blickbewegungsregistrierung oder Eye Tracking bekannt, bezeichnet man das Aufzeichnen der Blickbewegungen einer Person.
[38] van Gisbergen et al. (2005)
[39] ebenda

Der als *golden Triangle* (siehe Abbildung 3) bezeichnete Bereich, in dem die Wahrnehmung am stärksten ist, stellt sich bei beiden Sucharten ähnlich dar. Die ersten drei Ergebnisse haben die beste Wahrnehmung und ab der Position 5 wird diese drastisch schlechter. Die Anzeigen auf der rechten Seite haben eine Wahrnehmung ähnlich der Position 5 der SERP, wobei sich diese von oben nach untern verschlechtert.

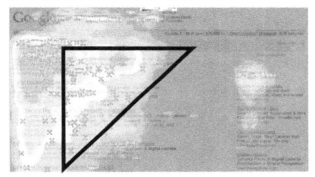

Abbildung 3 Wahrnehmung einer Google Webseite mit golden Triangle[40]

In Abbildung 4 ist eine zusammengefasste SERP von Yahoo! dargestellt. Sponsoren-Links sind in den Bereichen 1, 2 und 3 zu finden, welche den Bereich 4 mit den generischen Ergebnissen einrahmen. Bei Yahoo! werden anders als bei Google auch am Ende der generischen Ergebnisse noch bezahlte Ergebnisse eingeblendet.

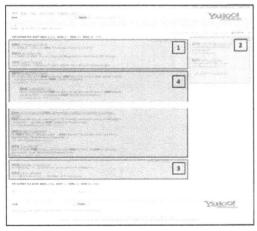

Abbildung 4 Unterteilung der Suchergebnisse bei Yahoo![41]

---

[40] In Anlehnung an: Hotchlkiss et al. (2005) Seite 7

Literaturverzeichnis (inklusive weiterführender Literatur)

Buch-Quellen

Arasu et al. (2001)	Searching the Web. Arasu, Arvind, et al. S.l. : ACM, 2001, ACM Transactions on Internet Technology, Ausgabe 1, Seite 2-43
Bishopinck et al. (2008)	Bischopinck, Yvonne and Ceyp, Michael; Suchmaschinen-Marketing 2. Auflage. Berlin : Springer, 2008
Dari et al. (2007)	Darie, Cristian and Sirovich, Jaimie; Professional Search Engine Optimization with PHP, Indianapolis, Wiley & Sons, 2007
Diekhof et al. (2002)	Diekhof, Rolf, Braunschweig, Stefan and Krenn, Ulrich; Wandel im Werbemix , München, Europa-Fachpresse-Verlag GmbH, 2002, W&V, Ausgabe 16, Seite 25-28
Emrich (2008)	Emrich, Christin; Multi-Channel-Communications- und Marketing-Management, Wiesbaden, Gabler, 2008
Erlhofer (2008)	Erlhofer, Sebastian; Suchmaschinen-Optimierung für Webentwickler 4. Auflage, Bonn, Galileo Press, 2008
Fischer (2006)	Fischer, Mario; Website Boosting, Heidelberg, mitp Verlag, 2006
Förster et al. (2002)	Förster, Anja and Kreuz, Peter; Offensives Marketing im E- Business, Berlin, Springer, 2002
Förster et al. (2006)	Förster, Anja and Kreuz, Peter; Marketing-Trends 2. Auflage, Wiesbaden, Gabler, 2006
Fortmann (2006)	Fortmann, Harald R.; Geschichte der Suchmaschinen und ein vorsichtiger Blick in die Zukunft. Interaktive Trend 2006/2007 /Jahrbuch Deutscher Multimedia Award. O.A., J&S Dialog-Medien, 2006
Glöggler (2003)	Glöggler, Michael; Suchmaschinen im Internet. Funktionsweisen, Ranking Methoden, Top Positionen, Berlin, Springer-Verlag, 2003
Greifeneder (2006)	Greifeneder, Horst; Erfolgreiches Suchmaschinenmarketing. Wiesbaden, Gabler Verlag, 2006
Hippner et al. (2002)	Hippner, Hajo, Merzenich, Melanie and Wilde, Klaus, [hrsg.]; Handbuch Web Mining im Marketin. Braunschweig / Wiesbaden, Vieweg+Teubner, 2002

---

[41] Eigene Darstellung

Hotchlkiss et al. (2005)	Hotchkiss, Gord, Alston, Steve and Edwards, Greg.; Eye Tracking Study - An In Depth Look at Interactions with Google using Eye Tracking Methodology, O.A., Enquiro Search Solutions Inc., 2005
Koch (2007)	Koch, Daniel; Suchmaschinenoptimierung: Website-Marketing für Entwickler. München, Addison-Wesley, 2007
Komus et al. (2008)	Komus, Ayelt and Wauch, Franziska; Wikimanagement: Was Unternehmen von Social Software und Web 2.0 lernen können, München, Oldenbourg Wissenschaftsverlag, 2008
Lammentt (2006)	Lammenett, Erwin; Praxiswissen Online-Marketing, Wiesbaden, Gabler, 2006
Lewandowski (2005)	Lewandowski, Dirk; Web Information Retrieval, Frankfurt am Main, DGI Schrift, 2005
Meng et al. (2002)	Meng, Weiyi, Yu, Clement and Liu, King Lup; Building Efficient and Effective Metasearch Engines, o.A., ACM Computing Surveys (CSUR), 2002, Vausgabe. 34-1, Seite 48-89
Münz (2008)	Münz, Stefan; Webseiten professionell erstellen 3.Auflage, München, Addison-Wesley, 2008
Nicolson et al. (2006)	Nicholson, Scott, et al.; How Much of It Is Real? Analysis of Paid Placement in Web Search Engine Results, o.A. , Journal of the American Society for Information Science and Technology, 2006, Ausgabe 57,Seite 448-461
Nielsen et al. (2008)	Nielsen, Jakob and Loranger, Hoa; Web Usability. München, Addison-Wesley, 2008
Opuchlick (2006)	Opuchlik, Adam; E-Commerce-Strategie: Entwicklung und Einführung. O.A., Books on Demand Gmbh, 2006
Piotek (2004)	Piontek, Jochem; Controlling, 3. Auflage. München, Oldenbourg, 2004
Reinecke et al. (2006)	Reinecke, Sven and Tomczak, Torsten, [Hrsg.]; Handbuch Marketingcontrolling 2. Auflage, Wiesbaden, Gabler, 2006
Roddewig (2003)	Roddewig, Sven; Website Marketing, Braunschweig, Vieweg, 2003

Stock **(2006)**	Stock, Wolfgang G.; Information Retrieval: Informationen suchen und finden, O.A., Oldenbourg, 2006
Thurow **(2003)**	Thurow, Shari; Search Engine Visibility, Indianapolis, New Riders, 2003
van **Gisbergen** **et al. (2005)**	van Gisbergen, Marnix S., van der Most, Jeroen and Aelen, Paul; Visual attention to Online Search Engine, Nijmegen, De Vos & Jansen, 2005
Wannenwet **sch et al.** **(2004)**	Wannenwetsch, Helmut H. and Nicolai, Sascha, [Hrsg.]; E-Supply-Chain-Management, 2. Auflage, Wiesbaden, Gabler, 2004
Winkler et **al. (2007)**	Winkler, Jan and Kehrhahn, Jobst-Hendrik; Suchmaschinenoptimierung, O.A., Franzis, 2007
Wöhe et al. **(2005)**	Wöhe, Günter and Döring, Ulrich.; Einführung in die Allgemeien Betriebswirtschaftslehre 22. Auflage, München, Vahlen, 2005

Online-Quellen

AdControl (o.A.)	AdControl (Hrsg.); o.A., AdControl, http://www.adcontrol.de/index.php (30.11.2008)
Baumann (2008)	Baumann, Nina; Onetomarket auf der SES in Hamburg, 02.06.2008, http://linkspiel.de/index.php/onetomarket-auf-der-ses-in-hamburg.html (17.11.2008)
BITKOM (2008a)	BITKOM (Hrsg.); Internetnutzung - Ende 2006 nutzten 60 Prozent der Deutschen das Internet, 2008, http://www.bitkom.org/de/markt_statistik/46259_38541.aspx (19.11.2008
BITKOM (2008b)	BITKOM (Hrsg.);Online-Werbemarkt wächst um 44 Prozent.27.10.2008, http://www.bitkom.org/de/presse/8477_54973.aspx (02.12.2008)
BITKOM (2008c)	BITKOM (Hrsg.); Mehr als 10 Millionen Deutsche planen Geschenke-Kauf im Internet, 23.11.2008, http://www.bitkom.org/de/presse/8477_55610.aspx (03.12.2008)

Brin et al. (1998)   Brin, Sergey and Page, Lawrence; The Anatomy of a Large-Scale Hypertextual Web Search Engine, 1998, http://infolab.stanford.edu/~backrub/google.html (02.12.2008)

BVDW (2008a)   BVDW (Hrsg.); OVK Report, 2008, http://www.bvdw.org/fileadmin/downloads/marktzahlen/basispraesentatione n/OVK_Report_2008-02.pdf (19.11.2008)

BVDW (2008b)   BVDW (Hrsg.); Befragungsergebnisse SEM/SEO Befragung, o.A., http://www.bvdw.org/uploads/media/bvdw_SEO_SEM_final.pdf (22.11.2008)

clickforensics (2008)   clickforensics (Hrsg.); Click Fraud Index, 2008, http://www.clickforensics.com/resources/click-fraud-index.html (23.11.2008)

ClickTracks (o.A.)   ClickTracks (Hrsg.); Mit ClickTracks durchstarten, o.A., http://www.clicktracks.at/cinema/getting_started.html (30.11.2008)

Cutts (2006)   Cutts, Mat; SEO Mistakes: Spam in other languages, 11.01.2006, http://www.mattcutts.com/blog/seo-mistakes-spam-in-other-languages/ (17.11.2008)

Fairlaine Consulting (o.A.)   Fairlane Consulting GmbH (Hrsg.); Schwächen der Suchmaschinen, o.A., http://www.marketing.ch/wissen/suchmaschinenmarketing/schwaechen.asp (13.11.2008)

Gavin (2008a)   Gavin, Jamie; comScore Releases July 2008 German Search Rankings, 2008, http://www.comscore.com/press/release.asp?press=2484 (13.10.2008)

Gavin (2008b)   Gavin, Jamie.; comScore Releases March 2008 European Search Rankings, 2008, http://www.comscore.com/press/release.asp?press=2208 (13.10.2008)

Google (2007)   Google (Hrsg.); Webmaster-Tools, 2007, https://www.google.com/webmasters/tools/docs/de/about.html (22.11.2008)

Google (2008a)   Google (Hrsg.); Verborgener text und verborgene Links, 2008, http://www.google.com/support/webmasters/bin/answer.py?hlrm=en&answe r=66353 (17.11.2008)

Google (2008b)   Google (Hrsg.); Financial Tables, 2008, http://investor.google.com/fin_data.html, (19.11.2008)

21

Google (2008c)   Google (Hrsg.); Worin unterscheiden sich Starter-Edition und Standard-Edition?,   2008,
http://adwords.google.com/support/bin/answer.py?answer=31774&cbid=-il6vmvcm72u0&src=cb&lev=topic (22.11.2008)

Google (2008d)   Google   (Hrsg.);   Schaltung   der   Anzeige,   2008,
https://adwords.google.com/support/bin/answer.py?answer=6299&ctx=tltp (22.11.2008)

Google (2008e)   Google   (Hrsg.);   Content   Policy,   2008,
http://adwords.google.com/support/bin/static.py?page=guidelines.cs&topic=9271&subtopic=9279 (22.11.2008)

Google (2008f)   Google (Hrsg.); How do I use keyword insertion?, 2008,
https://adwords.google.com/support/bin/answer.py?answer=74996&topic=12396.
http://adwords.google.com/support/bin/answer.py?hl=en&answer=74996 (22.11.2008)

Google (2008g)   Google   (Hrsg.);   Preferred   Cost   Bidding,   2008,
http://adwords.google.com/support/bin/topic.py?topic=10775 (22.11.2008)

Google (2008h)   Google (Hrsg.); Deciding Whether to Use Conversion Tracking, 2008,
http://adwords.google.com/support/bin/topic.py?topic=61 (22.11.2008)

Google (2008i)   Google   (Hrsg.);   Keyword-Tool,   2008,
https://adwords.google.de/select/KeywordToolExternal (22.11.2008)

Google (2008j)   Google   (Hrsg.);   AdWords   API,   2008,
http://www.google.de/adwords/learningcenter/text/19498.html (22.11.2008)

Google (2008k)   Google   (Hrsg.);   AdSense   Help,   2008,
https://www.google.com/adsense/support/?hl=de?sourceid=asos&subid=ww-ww-et-left_nav&medium=link (22.11.2008)

Google (2008l)   Google (Hrsg.); Das Wichtigste über die Google-Suche , 2008,
http://www.google.com/support/bin/static.py?page=searchguides.html&ctx=basics&hlrm=en (23.11.2008)

Google (2008m)   Google (Hrsg.); Google Analytics (Login erforderlich), 2008,
https://www.google.com/analytics/reporting/?reset=1&id=11983786&pdr=2

0081030-20081129 (30.11.2008)

Google (2008n) Google (Hrsg.); Google Analytics Funktionen, 2008, http://www.google.com/analytics/de-DE/features.html (01.12.2008)

Google (2008o) Google (Hrsg.); WebmasterTools (Login erforderlich), 2008, https://www.google.com/webmasters/tools/summary?siteUrl=http%3A%2F%2Fwww.weber-holger.de%2F&hl=de (02.12.2008)

Google (2008p) Google (Hrsg.); AdWords Zielregion festlegen (Login erforderlich), 2008, https://adwords.google.com/select/TargetingWizardWithGeoPicker?start=true&inLocationTargetingReview=false&wizardKey=5d7889648dc579ab (02.12.2008)

Google (2008q) Google (Hrsg.); AdWords Anzeige erstellen (Login erforderlich), 2008, https://adwords.google.com/select/FirstAdTypeFinder?wizardKey=5d7889648dc579ab (02.12.2008)

Google (2008r) Google (Hrsg.); vitalenergetik.net AdWords Übersicht (Login erforderlich), 2008, https://adwords.google.com/select/snapshot (03.12.200)

Google (2008s) Google (Hrsg.); vitalenergetik.net Bioenergetik Anzeigengruppe (Login erforderlich), 2008, https://adwords.google.com/select/CampaignManagement?adgroupidx=0&adgroupid=1154508276&campaignId=33756006 (03.12.2008)

Google (2008t) Google (Hrsg.); GfU.net AdWords Übersicht (Login erforderlich), 2008, https://adwords.google.com/select/snapshot (02.10.2008)

Indigo Stream Technologies (2008) copyscape. [Online] Indigo Stream Technologies, 2008. [Cited: 11 17, 2008.] www.copyscape.com.

Internet Archive (o.A.) Internet Archive (Hrsg.); Google Beta Webseite, http://web.archive.org/web/19990125084553/alpha.google.com/ (11.10.2008)

Jurvetson (o.A.) Jurvetson, Steve; o.A., o.A., http://www.flickr.com/photos/jurvetson/21470089/sizes/o/ (02.12.2008)

Ku et al. (2005) Ku, David and Walther, Eckart; Search, with a little help from your friends,2005, http://www.ysearchblog.com/archives/000130.html (11.10.2008)

Kuri (2006) Kuri, Jürgen; Google sperrt nun auch deutsche Webseiten mit versteckten Suchwörtern aus, 05.02.2006, http://www.heise.de/newsticker/Google-sperrt-nun-auch-deutsche-Webseiten-mit-versteckten-Suchwoertern-aus---/meldung/69 (17.11.2008)

Lammentt (2007) Lammenett, Erwin; Effiziente Steuerung: Kennzahlen und Controlling-Tools im Online-Marketing, 08.03.2007, http://www.ecin.de/marketing/kennzahlen-controlling/ (30.11.2008)

Lewandowski (2008) Lewandowski, Dirk; Suchmaschinen-News, 2008, http://www.durchdenken.de/lewandowski/suchmaschinen-news.php (11.10.2008)

Lipsman (2008a) Lipsman, Andrew; comScore Releases February 2008 U.S. Search Engine Rankings, 2008, http://www.comscore.com/press/release.asp?press=2119 (13.10.2008)

Lipsman (2008b) Lipsman, Andrew; comScore Releases August 2008 U.S. Search Engine Rankings, 2008, http://www.comscore.com/press/release.asp?press=2476 (13.10.2008)

Lipsman (2008c) Lipsman, Andrew; Baidu Ranked Third Largest Worldwide Search Property by comScore in December 2007, 2008, http://www.comscore.com/press/release.asp?press=2018 (14.10.2008)

manager-magazin.de (2006) manager-magazin.de (Hrsg.); Yahoo zahlt Werbegelder zurück, 29.06.2006, http://www.manager-magazin.de/it/artikel/0,2828,424320,00.html (23.11.2008)

MIVA (o.A.) MIVA (Hrsg.); MIVA, o.A., http://www.miva.com/de/content/advertiser/overview.asp (20.11.2008)

Moskwa (2008) Moskwa, Susan; Die "Duplicate Content-Penalty" - entmystifiziert!, 12.09.2008, http://googlewebmastercentral-de.blogspot.com/2008/09/die-duplicate-content-penalty.html (20.10.2008)

Mueller (2008) Mueller, John; First Click Free bei der Websuche, 20.10.2008, http://googlewebmastercentral-de.blogspot.com/2008/10/first-click-free-bei-der-websuche.html (20.10.2008)

Ohye (2008) Ohye, Maile; Wie Google IP-Delivery, Geolocation und Cloaking definiert, 03.06.2008, http://googlewebmastercentral-de.blogspot.com/2008/06/wiegoogle-ip-delivery-geolocation-und.html (17.11.2008)

onestat.com (2006)   onestat.com (Hrsg.); Less people use 1 word phrase in search engines according to OneStat.com, 2006, http://onestat.com/html/aboutus_pressbox45-search-phrases.html (16.11.2008)

onestat.com (2008a)   onestat.com (Hrsg.); More and more people use 2 word phrases instead of 3 and 1 phrases in search engines according to OneStat.com, 2008, http://onestat.com/html/press-release-more-and-more-people-use-2-word-phrases-in-search-engines.html (16.11.2008)

onestat.com (2008b)   onestat.com (Hrsg.); Google is the most popular search engine on the web according to OneStat.com, 2008, http://www.onestat.com/html/aboutus_pressbox3.html (12.10.2008)

Pakalski (2000)   Pakalski, Ingo; Kostenlose Google-Suchleiste für den Internet Explorer, 11.12.2000, http://www.golem.de/0012/11274.html (15.11.2008)

Rabe (2004)   Rabe, Lars; Seminarunterlagen zum „Workshop FH Wiesbaden: Vertriebsorientiertes Online-Marketing", 2004, http://marketing.bwl.fh-wiesbaden.de/cms/upload/bilder/czech-winkelmann/SS_2006/Suchmaschinen_Marketing.pdf (18.11.2008)

Radwanik (2008)   Radwanick, Sarah; comScore Releases Asia-Pacific Search Rankings for July 2008, 2008, http://www.comscore.com/press/release.asp?press=2473 (13.10.2008)

Raimondi (2002)   Raimondi, Chris; Google Page Rank Figurin' Guide, 2002, http://searchnerd.com/pagerank/ (15.11.2008)

Schönfeld (1996)   Schönfeldt, René; "Flipper" fischt im Internet, 1996, http://www2.tu-berlin.de/presse/tui/96jul/flip.htm (08.10.2008)

Schüler (2007)   Schüler, Hans-Peter; Geheime Bombenentschärfung bei Google, 28.01.2007, http://www.heise.de/newsticker/Geheime-Bombenentschaerfung-bei-Google--/meldung/84386 (15.11.2008)

searchmetrics (2008)   searchmetrics (Hrsg.); SEO Tools, 2008, http://de.linkvendor.com/ (22.11.2008)

seo-konkret.de **(2005)**	seo-konkret.de (Hrsg.); Definition: e-Marketing Abrechnungsmodelle, 2005, http://www.seo-konkret.de/suchmaschinen-glossar/cpm-tkp-cpa-cpx-cpc-cpl-cpo/ (20.11.2008)
Sobek (2002/2003a)	Sobek, Markus.; PR0 - Die PageRank 0 Bestrafung,2002/2003, http://pr.efactory.de/d-pr0.shtml (15.11.2008)
Sobek (2002/2003b)	Sobek, Markus; Die Implementierung des PageRank in die Suchmaschine Google, 2002/2003, http://pr.efactory.de/d-pagerank-implementierung.shtml 15.11.2008)
Yahoo! (2008)	Yahoo! (Hrsg.);Yahoo! Search Marketing, 2008, http://searchmarketing.yahoo.com/de_DE/yahoo-suchmaschinenmarketing.php (20.11.2008)

Weitere Informationen zu diesem Thema finden Sie in: „Suchmaschinen. Optimierung und Marketing" von HolgerWeber.

ISBN: 978-3-640-23232-1

http://www.grin.com/de/e-book/119771/

www.ingramcontent.com/pod-product-compliance
Lightning Source LLC
La Vergne TN
LVHW042311060326
832902LV00009B/1426